idade da pedra

CB045409

Beatriz Azevedo

IDADE DA PEDRA

ILUMINURAS

Copyright © *2002:*
Beatriz Azevedo

Copyright © *desta edição:*
Editora Iluminuras Ltda.

Capa:
Fê
sobre *Cachorro* (2000), tinta acrílica, spray, crayon e
jornal [120 cm x 155 cm], Rebecca Sharp de Mattos.

Revisão:
Edith Piza

Filmes de capa:
Fast Film - Editora e Fotolitos

Composição e filmes de miolo:
Iluminuras

ISBN: 85-7321-170-9

2002
EDITORA ILUMINURAS LTDA.
Rua Oscar Freire, 1233 - 01426-001 - São Paulo - SP - Brasil
Tel.: (0xx11)3068-9433 / Fax: (0xx11)3082-5317
E-mail: iluminur@iluminuras.com.br
Site: www.iluminuras.com.br

ÍNDICE

Agradecimentos

Ottaviano De Fiori
Teatro Oficina
Jorge Mautner

a poesia revela este mundo;
cria outro

Octavio Paz

para minha mãe e minha avó,
que me revelaram este mundo;
para meu pai, Hilda e Zé Celso,
que criaram outro.

poemas naturais

o poeta nada merece o mar
nenhuma palavra desmerece o mar
o homem nada não conhece o mar
mergulha na água sua cabeça não entende o mar
a água do seu corpo não navega o mar
o barco a vela não acende o mar
ninguém nada reconhece o mar
só o mar sabe nadar
o homem no mar imenso nada
penso
o poeta no mar
nada
no imenso
o mundo
nada
mesmo
a mulher nada se oferece ao mar
o mar desconhece o mar
o homem nada se assemelha ao mar
o homem nada nada nada nada nada nada nada
nada
não
alcança
o mar

poema na areia

o grande mar engole

para nunca mais

no entanto

cada onda traz

conchas

pérolas

corais

a natureza invade a minha janela

também bela

ela passeia com seus seios

pela passarela

a vaca

com piercings na orelha

preciosas

diamant
safir
ametist
turques
quartz
topázi
turmalin
feldspat
ágat
cacoxenit
lazulit
rub
cassiterit
crocidolit
pepit
bauxit
rodocrosit
granad
esmerald
fernand

aranha funâmbula
tece seu arame
fio de aço com finíssima argamassa de pétala
linha de pluma
aranha astronauta
flutua e salta
estranha entranha de traços
aranha pendurada
prumo pêndulo rasante sem asa
guindaste de ar e nadas
enquanto eu construía a casa
areia tijolo cimento e sol
ela desenhava suas mandalas
se apossava dos cantos
vãos
quinas
esquinas
me olhava com as patas
e desprezava
aranha, fala:
pra que tanta tralha?
com quase nada
a aranha criava
sua rede de seda e arte
porque sabe
— cedo ou tarde —
parte-se

a lua engorda

e se afoga

no oceano do céu

sem escândalo

a noite

cai

bússola

não vejo porto
não trago âncora
sei do vento que me leva
do sol que me chama
agora

o céu muda de pele
põe a manhã
na minha mão

efêmera arquitetura da teia de aranha
tamanha trama, breve morada
só dura
até a próxima
vassourada

power book na árvore

e-mail ambiente

no meu canteiro
de maria-sem-vergonha

o vagalume
sonha

ESCARCÉU

DE DEZEMBRO

FOGOS

DE ARTIFÍCIO

NO AR

BÊBADAS DE CHAMPAGNE

ESTRELAS

DESMAIAM

NO MAR

o mar me comove

bailarino

me leva

nesta balsa

para onde for

me leva

nesta valsa

minha aura é violeta
minha alma é vidente
minha casa é violenta
minha cama é violeta
minha calma é violenta
minha arte é vidente

minha asa é violeta

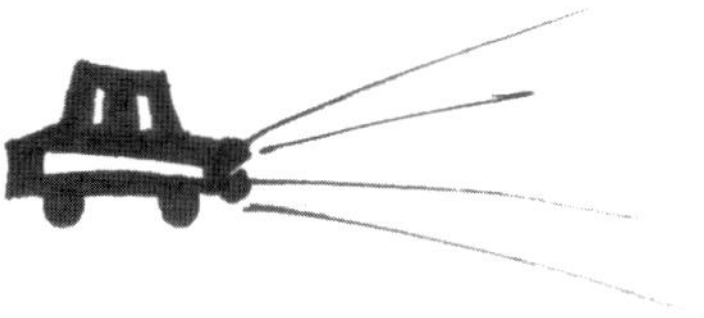

new york poems

A ilha é mais bela vista de São Sebastião

A lua vislumbra-se da terra

A cidade se revela pela janela do avião

Para ver Manhattan, vá ao Brooklyn

Atravesse a ponte que separa

O olho do rio da razão

E veja a Baía de Guanabara

No deslumbre da visão

A lua Alhambra-se na terra

Manhattan flutua na janela do avião

O mar marav

ilha-se da razão

atravessa a ponte que separa

Brooklyn de São Sebastião

visionary animal

on the horse

they place the visor

but to walk ahead

would be better

to withdraw that which is

— *invisible visor* —

on the man

on horseback

doido não avisa quando vai

dar piti

para Roberto Andrioli

o buda o ventilador o acordeom
o martelo a vodka o acordeonista russo
o garçom português
puchkin gogol maiakovski caipirinha dostoievski
o ator italiano
o castiçal o espelho
o garçom malabarista troca o cinzeiro
o dj troca o cd
o buda extático, o ventilador girando

o acordeom respira
                    sentado na banqueta do músico
o músico fuma
                e prefere morrer de vodka que de tédio:
eles vão viajar para o Brasil
comprarão duas passagens
uma para o músico
outra para o acordeom

o acordeom só viaja de primeira classe

she is a fish

she is always going away
sliding through my skin
dripping through my hands like water
she is the rain
she is always going away

she likes to have her hair wet in the rain
she rages inside the truck of ice cream
she said I love your hair
she melts, congeals
she wants, she doesn't want
she wants to change
the color of her hair
she cut her long hair
she has gay friends
she hates her older brother
she works a lot like the New Yorkers
she roller-blades on the side of the sidewalks
she asks her friends to show their penis
she wants to see which one is the biggest
she over flows in the wish's tempest
she prefers return to her aquarium
she likes sweet drinks
she speaks whispering
she is afraid of her own look
her eyes are pure desire
she wants, she doesn't want
to drown herself in her own sea
she is a fish

SPACE AVAILABLE

SPACE AVAILABLE

SPACE AVAILABLE

DON'T

EVEN

THINK

OF

PARKING

HERE

WAITS

o público espera
de cabelo azul
de chapéu
dreads no cabelo
um braço todo tatuado
Lou Reed acaba de chegar
óculos de grau e casaco de couro
senta-se ao meu lado no Beacon Theatre
público barulhento pop corn — pipoca de Itu — & beer
ruídos dos músicos no palco & burburinho na platéia: jazz
um cara de cabelo roxo intenso
na fileira atrás a moça com quatorze brincos na mesma orelha
um para cada ano de espera do show de Tom Waits em NYCity
cambistas cobrando 200 dólares por um ticket
crianças na platéia cheiro de whisky e Robert Johnson
Lou Reed todo enrugado
parece Keith Richards
do you know what I mean?
a platéia está quase cheia
agora gritam e assobiam
apagaram as luzes
eu espero
agora aplaudem a escuridão e a luz radiante de um canhão
voz de caverna da mais profunda caverna do centro da terra
o homem baixinho entra pela platéia
trazendo estrelas dentro do bolso do paletó
e a soma da beleza de todas as eras
Antonio Espera

Olimpo sujo

OLIMPO

OSUJO

a flor azul do silêncio

apaixonar-se por uma puta
ter o abismo nos olhos
revoltar-se contra a banalidade dos manuais
amar os poetas que se odeiam
sobretudo aqueles que se insultam mutuamente
                                        nas rodas literárias
não pertencer a panelinhas
cozinhar as tripas da poesia
                                    no caldeirão dos bruxos
namorar o crepúsculo
trair o espelho e o tempo
casar-se com o sol
colher no asfalto a flor azul do silêncio
            depois da passagem apocalíptica
                                        do caminhão de lixo
perder o trem perder a hora perder a conta
perder o amigo e a piada
mas não perder a esperança nem o humor
     não perder a paciência
            nem a suprema soberania do amor

A VIDA SEM SAL

V A Ç Ã O

A VIDA SEM SOL

U Ç Ã

o dia passa lentamente
o dia me ultrapassa
o dia passa na minha frente
são quatro horas da tarde
eu quero que anoiteça bem depressa na minha casa
o dia passa por cima da minha cabeça
o dia me amassa
o dia se afasta
o dia me cansa
eu almoço e janto eu choro eu penso eu deito eu levanto

hoje eu vesti uma calça bem apertada

para sentir que ocupo um

lugar

no mundo

CHUVA DE GUARDA-
CHUVAS
MENINOS SEM ASAS
NADANDO NOS ESGOTOS
ANJOS
NA MERDA CIVILIZADA

todos
os sistemas de segurança dos bancos
os alarmes dos carros
as sirenes das ambulâncias
os sinos de todas as igrejas
os terceiros sinais de todos os teatros
buzinas de todos os carros
apitos das fábricas
navios, guardas de trânsito, juízes de futebol
bules de chá, cafeteiras automáticas, trens
trins dos telefones
campainhas de todas as portas
todos os interfones
rádio-relógios despertadores
celulares
bips

tocam:

é a hora

Manual de Sobrevivência

nunca falar verdades em família
nunca ser crítico no camarim
desejar a mulher do próximo
só quando este não estiver muito próximo

a decepção com o mundo
a desglamourização de tudo a chateava.
ela era ingênua.
ficou triste quando,
num restaurante,
pediu "fettucine a finas ervas"
e descobriu que se tratava
de macarrão com salsinha.

quantas vezes
eu já pensei
em ser bem comum
levar uma vida normal
sem paixões
ser *cool*
ter um emprego
um salário
uma igreja
uma novela
uma prestação
do baú

savoir par coeur

se a musa amas-
se o poeta deixas-
se a tormenta do mar
no abismo do amor
se você olhas-
se para mim como
se avistas-
se sua sorte
altar
asa

como amar
se a sua frieza arde como brasa
se você não me abraça
e me leva
para casa
faça isso bem depressa
porque até o amor
até o amor
até o amor
passa

não sei
se você me evita
ou me convida
não sei se você me vê
ou me inventa
não sei se me ignora
ou implora
um beijo na tempestade dos olhos da noite

chovem silêncios

em que país você está agora?
você mora no mesmo sol?

lava as mãos na tempestade
e entra na minha casa
como quem foge
da alma que chove

suas pernas tropeçam no nada
seu calor não esquenta mais a sala

silêncios não dizem mais nada

amor afeto amizade desejo são palavras do passado

rezo por sua alegria desesperada
torço por sua loucura abençoada
quero suas asas
livres dançando sagradas

savoir par coeur

la couleur de la pierre

l'étoile de mer

savoir par coeur

l'amour

sur la corde raide

si je sais par coeur

le rythme de ton coeur

si tu sais par coeur

la musique de mon coeur

nous sommes en choeur

e nous pouvons faire

l'amour

sur la corde raide

porto alegre

a carne ferve
você não percebe a febre
delírios de arco-íris e festas
céus calados de inocência
palavras fugindo do dicionário
o sino da igreja gritando por mim para toda a cidade
olhares perpetuando a tarde
flores nascendo por onde você passa
a estação do trem o galpão o rio

o amor escandaliza o hotel
a mão dentro do vestido na platéia inflamada
a paixão incendiária
eu e você pegando fogo
o circo pegando fogo
o mundo pegando fogo

— quando o táxi me levou embora
seus olhos maiores que a rodoviária

ritual
cura xamânica
festa pagã
culto ecumênico
missa de corpo presente
hierografia abençoada
amor
dança sagrada

o amor desafia a certeza do chão
abre o abismo da dúvida
e o dilúvio da razão

a ilusão amanhece
no meu corpo cansado
pela estrela excessivamente rápida
                                        da alegria

respiro o perfume entorpecente daquela flor
à qual deram o nome de Dama da Noite

teu amor é primavera

olhos de Natassia Kinski
quando choram
me deixam tonta
derramam lágrimas
de whisky

os dias não passam
desde que vi o fogo das estrelas nos seus olhos

os dias não passam

os dias não sabem o que eu passo

acredito em certezas instáveis
me perco entre o horizonte e o espelho
onde não me reconheço
eu passo andando do avesso
pela porta do quarto ao banheiro
será que eu me conheço
ou o amor é o espaçotempo
renascimento
fim primeiro
começo

Meu Deus como sou ridícula

como sou romântica

como sou patética

acreditando em truques baratos

como sou risível

como sou triste

triste triste tristíssima

como sou burra, meu Deus

andando aonde me levam os meus sapatos

os olhos vendados pelo véu de Maia

e a coragem suicida dos apaixonados

1 kg de pedras
pesa o mesmo que
um quilo de plumas

um quilo de pedras
não tem o mesmo peso que
um quilo de plumas

a pluma parada na vidraça
a pedra voando
a poesia estilhaça
[por que? como? quando?]
lei da gravidade
teoria da relatividade
a poesia perfura
desfigura
transfigura
a dura realidade
[como quando amo!]

te amo te desejo te adoro te venero te almejo
te anseio te vejo te miro te beijo te viro te
Tejo te Nilo te quero te respiro te sigo te
espero te pinto te espelho te sinto te esmero
te rio te navego te mimo te sossego te lavo
te esfrego te aperto te cerco te bebo te jorro
te solto te salto te salvo te acerto te erro te
berro te acalmo te desconcerto te Botticello
te Botero te Monaliso te Tarsilo te nasço te
imortalizo te floresço te findo te começo te
teço te enalteço te sonho te desperto te
admiro te inspiro te choro te coro te percorro
te decoro te contorno te socorro te molho te
escorro te seduzo te uso te obtuso te
parafuso te confundo te confesso te misturo
te professo te profuso te abssesso te meço te
pareço te exclamo te interrogo te pontuo te
virgulo te invento te recomeço te tropeço te
vento te chovo te escolho te olho te recolho
te ilumino te aqueço te possuo te pertenço te
hino te muso te santifico te mitifico te
explico te imito te pito te fumo te como te
grito te mudo te acordo te anoiteço te
alimento te atormento te aguço te adoço te
vasculho te escancaro te mergulho te esqueço
te receio te refaço te conheço te perco te
amo te tudo te leio te recito te esmiuço te
descrevo te configuro te digito te prendo te
eternizo te escrevo te livro

claro escuro

dia

sai do casulo

céu escuro

procuro a luz

obscuro projeto

de ser feliz

dia, vai

promete uma mentira

eu quis a verdade

de quem gira vadia

entre o muro

o teto

e a nuvem de giz

o homem da casa
pinta a parede
na esperança
do azul
fazê-la balançar
como rede

a mulher da casa
vê livros de pintura
porque sabe
que as cores
estão na cor
dos olhos
de quem as mistura

il rinascimento

da espuma das ondas

do berço d'uma concha

a mulher nua com pérolas na boca

estrelas na pele

vênus de botticelli

musa de todas as cores

coberta de flores

pelo manto das horas

estátua parada que tudo movimenta

a dança o universo o tempo

o vento nos seus cabelos

a mão no seio a mão no sexo

este verso que me veio

ninfa que nasceu do mar

e um dia para o mar vai voltar

infinito
salto
no
escuro
entre
o
dito
e o
bendito

com lápis escrevo

os lapsos de família

e desenho as ilhas

do meu corpo lasso

são traços

cheios de armadilhas

repertório vasto de ossos

arcaico lastro de aço

sigo rastros

livre

escrava

da palavra

sob a vigilância

dos astros

existir
viagem
experimentação
do elixir da voragem

a noite passa na minha boca
o mel o medo o desejo
por trás da vidraça
o meu cinema
a vida me passa
como um poema

eu me esqueci
porque me afoguei da última vez

de olhos abertos
eu não vi nada

a medusa me amava
de olhos fechados?

palavras não me
defendem da dor
músicas não
escolhem a chuva
não conhecem
a cor e a solidão
da dúvida olhos
não vêem a dúvida
das chuvas que não
lavam a dor das
palavras que não
explicam as fugas
e a escuridão
profunda da música

a

palavra

é

minha

arma

desarma

a

tempestade

ardendo

dentro

da

minha

calma

oiràrtnoc oa
osrever oa
oãmartnoc an
otsopo odal od
otohnac odreuqse
ehcuag
ocuol
etnerefid
oãçerid artuo me
todos os caminhos levam a
AMOR

não quero o escuro das casas iluminadas
o medo das almas penadas
a vida sem sal
a estabilidade infame
das pessoas acomodadas
não quero o escudo triste
das desculpas esfarrapadas
eu não espero nada
d e s e s p e r o   t u d o

no terceiro dia
do terceiro milênio

o terceiro olho

do terceiro mundo
do terreiro imundo do quintal do mundo
da porta dos fundos do fim do mundo

verá

um outro mundo

um outro mundo

virá

idade da pedra

idade da pedra tecnológica
idade da pedra cibernética
idade da pedra
idade da pedra
globalizada esterilizada vacinada
tomografia computadorizada
idade da pedra
chacina parricídio aids suicídio
ressonância magnética
viagem internética
idade da pedra

idade da pedra Carandiru
idade da pedra Candelária
idade da pedra Vigário Geral
idade da pedra Carajás
idade da pedra Feliz Natal

clonagem
idade da pedra
assédio assexuado
idade da pedra
fim do milênio era de aquário ano 2000
idade da pedra
idade da pedra eletrônica
idade da pedra supersônica
idade da pedra cômica trágica faraônica
biônica
idade da pedra bomba atômica

idade da pedra Carandiru
idade da pedra Candelária
idade da pedra Vigário Geral
idade da pedra Carajás
idade da pedra Feliz Natal

fim do mundo
fim da utopia histórica
começo da utopia histérica
da igreja histérica
do pastor histérico
do rebanho estéril
diante do deus da televisão

o esquecimento total
da pedra fundamental
da pedra iniciática
da pedra mítica
da pedra filosofal
da verdade rítmica do rito tribal
da pedra bíblica
da pedra de Pedro
da pedra védica
xamânica
do tempo imemorial
da pedra estrela transcendental
pedra que revela
oráculo dos deuses, pedra sagrada

idade da pedra Carandiru
idade da pedra Candelária
idade da pedra Vigário Geral
idade da pedra Carajás
idade da pedra Feliz Natal

o mundo está na idade da pedra cética
na idade da pedra apática
da pedra prática
idade da pedra sem ética
idade da pedra cínica
a pedra democrática apática ridícula
cética cínica e matemática
mega store note book lap top
disk sexo jet ski hara kiri
fast food sex shop
pau de arara hopi hari hot dog
jesus pagode xuxa celular
deus me livre delivery God
i.n.p.s. i.n.s.s. i.s.s. bndes
f.h.c. m.s.t. c.n.b.b. t.r.t
éfebeái funai
febem funabem
pitta c.p.i.
u.t.i. c.t.i. f.m.i.
dialeto yankee tupi

idade da pedra Carandiru
idade da pedra Candelária
idade da pedra Vigário Geral
idade da pedra Carajás
idade da pedra Feliz Natal

realidade virtual
idade da pedra real
da fome real
do pesadelo da escuridão da noite real
nas ruas desta capital da idade da pedra
nacional
da idade da pedra do mundo global
biodegradável
biodegradante
idade da pedra detergente
idade da pedra emergente
idade da pedra comunidade solidária
idade da pedra comunidade solitária
idade da pedra egoísta individual
da pedrinha mínima só minha
da minha pedrinha mimadinha
se essa rua fosse minha
é pau é pedra é o fim do caminho

Carandiru
Candelaria
Vigário Geral
Carajás
Feliz Natal

idade da pedra bruta
idade da pedra estúpida
a pedra burra da disputa
a pedra da discórdia
a pedra da intolerância
a pedra da escória
idade da pedra da ignorância
idade da pedra da ganância
idade da pedra idade da pedra
idade da pedra lascada
do tráfico da pedra
da pedra química
da degradação da pedra
da exploração da pedra
da perda total da pedra
e a pedra linda
e a pedra preciosa
e a pedra e a pedra e a pedra
e a pedra nem tem nada com isso

quem quiser que atire a primeira pedra

SOBRE A AUTORA

Beatriz Azevedo é poeta e compositora.

Graduada em Artes Cênicas pela UNICAMP estudou também em Barcelona, na Sala Beckett, como bolsista do Instituto de Cooperación Iberoamericana da Espanha. Acaba de ser agraciada com a Bolsa Virtuose para estudar em Nova York em 2002.

Publicou os livros *Peripatético* (Iluminuras) e *Tudo quanto arde* (Palavra Muda).

Durante três anos foi bolsista da FAPESP com pesquisa sobre a obra de Oswald de Andrade.

Gravou o CD *bum bum* do poeta, lançado no Brasil pela Natasha Records e no Japão pela Nippon Crown.

Em dezembro de 2000 a TV Cultura exibiu o especial "bum bum do poeta", com participação especial de José Miguel Wisnik e Zé Celso Martinez Correa, a partir dos poemas e canções de Beatriz.

Sua música "cena" está no cd *Brazil - The essential album*, ao lado de Tom Jobim, Chico Buarque, João Gilberto e outros, lançado na Inglaterra pela gravadora Union Square Music. Outras duas canções de sua autoria estão no cd *Bossa Nova Nights* também da Union Square Music de Londres. Apresentou-se na Itália, na Espanha e nos Estados Unidos.

Nos últimos anos, participou como convidada da Bienal de Poesia de BH, do evento Navegar é Preciso (Portugal-Brasil-África), do Poesia 97 no Centro Cultural São Paulo, e do Fla/Bra Festival nos Estados Unidos. A revista de literatura *Cult* publicou alguns dos poemas deste livro na edição n. 26. Outros poemas de *Idade da pedra* aparecem também no cd *mapa-mundi [samba and poetry]* que será lançado em 2002.

WWW.BEATRIZAZEVEDO.COM.BR

Da autora
nesta editora

PERIPATÉTICO

FUNDO NACIONAL DE CULTURA

MINISTÉRIO DA CULTURA

Este livro terminou
de ser impresso no dia
07 de janeiro de 2002
nas oficinas da
Bartira Gráfica e Editora S.A.,
em São Bernardo do Campo, São Paulo.